Société impériale d'Agriculture, Sciences et Arts
de l'arrondissement de Valenciennes.

DÉFENSE
DES INTÉRÊTS AGRICOLES, INDUSTRIELS ET COMMERCIAUX
de l'arrondissement de Valenciennes.

QUESTION
DES ENTREPOTS

VALENCIENNES
Imprimerie de B. Henry, rue du Marché-au-Poisson, n° 2.
1855

Extrait de la *Revue agricole*, *industrielle et littéraire*, journal de la Société impériale d'Agriculture, Sciences et Arts de l'arrondissement de Valenciennes (Nord).

DÉFENSE
des intérêts agricoles, industriels et commerciaux de l'arrondissement de Valenciennes.

QUESTION DES ENTREPOTS
ET
DES WARRANTS

(*Séance de la Section centrale du 13 avril 1855.*)

RAPPORT
fait au nom de la Section des sciences et manufactures.

Messieurs,

Depuis longtemps, tous les hommes qui, chez nous, prennent à cœur la satisfaction de nos intérêts agricoles, industriels et commerciaux, se préoccupaient vivement de la nécessité de créer à Valenciennes un entrepôt général, où pourraient être reçus les produits manufacturiers de notre sol sujets à des droits, les marchandises que nous recevons de la Belgique et celles que la France y expédie soit par la voie de fer, soit par l'Escaut.

Créer dans notre ville un entrepôt, et comme corollaire, y voir ouvrir une bourse, afin de donner aux transactions commerciales qui se concluent sur le trottoir de la grande place, la dignité et la sûreté dont elles ont un si grand besoin, telle est depuis longtemps la pensée de tous les bons esprits. Mais qu'il y a loin de la pensée à la réalisation! On le dit depuis longtemps, (que ne peut-on cesser de le dire avec vérité!), rien n'est plus difficile à faire que le bien.

Pour ne parler que de l'entrepôt, on ne saurait se faire une idée de toutes les difficultés s'opposant à sa création, alors que tout, vu son utilité, devrait lui venir en aide.

A part des formalités sans nombre, entraînant des délais presque sans limites, — à part la nécessité de trouver un emplacement convenable qui tienne aux voies de terre, de fer et d'eau, — à part les difficultés résultant des règlements militaires, obstacles aussi longs que difficiles à surmonter dans une place de guerre, — notre législation des entrepôts semble faite bien plus dans la pensée de réduire autant que possible le nombre de ces établissements si éminemment utiles que de les propager et d'en faciliter la création.

Tous les entrepôts ont le même but: permettre aux détenteurs des produits et marchandises redevables d'un droit à l'Etat, de suspendre pendant un certain temps l'acquittement de ce droit. Il semblerait donc que la loi dût être uniforme à leur égard, que toutes marchandises imposées dussent pouvoir entrer dans tous les entrepôts publics, placés sous la surveillance des employés de l'Etat qui en ont les clés, sauf les séparations intérieures exigées pour la régularité du service ; c'est ainsi qu'il en est en Angleterre et en Belgique. Chez nous il en est tout autrement. Notre législation, faite de toute pièces, hérissée de lois, d'ordonnances, d'arrêtés successifs qui se croisent, se heurtent en tous sens, est, passez-nous la trivialité de l'expression, une véritable législation de bric-à-brac.

Nous avons l'entrepôt maritime des douanes avec ses exceptions et ses lois spéciales pour certains ports.

Nous avons l'entrepôt intérieur des douanes.

Nous avons l'entrepôt des sels.

Nous avons l'entrepôt des liquides.

Nous avons l'entrepôt des sucres indigènes.

Nous avons enfin les magasins généraux de nouvelle création et dont les avantages sont appliqués à certains entrepôts.

Tous ces établissements diffèrent, et par les lois qui les régissent, et par le mode d'exercice auxquels ils sont soumis, et par les avantages qui leur sont accordés, et enfin en ce qu'ils sont surveillés par des administrations différentes, aujourd'hui encore, malgré la réunion de la douane et des contributions indirectes sous un même directeur général. Cette réunion, certes, a déjà produit d'heureux résultats, mais elle est loin encore d'avoir produit tous ceux que le commerce est en droit d'en attendre, par la fusion de ces diverses administrations qui n'ont qu'un même but, un même objet, par cette unité et cette simplicité d'action dont les bons effets peuvent être constatés en Angleterre et en Belgique.

En présence des difficultés que doit offrir tout naturellement un pareil état de choses, la création d'un entrepôt général, qui chez nos voisins est à peine l'objet d'une instruction de quelques mois, est chez nous, pour une ville, ou pour une chambre de commerce qui veut doter le pays d'un semblable établissement, une véritable campagne à entreprendre.

La chambre de commerce de Valenciennes n'a pas reculé devant ces difficultés. En décembre 1850 et janvier 1851, elle a demandé au Gouvernement l'autorisation de créer à Valenciennes, dans le seul endroit convenable, malheureusement placé dans la zone militaire, un entrepôt des sucres et un entrepôt de marchandises de douanes. Elle vient tout récemment de demander l'autorisation d'y recevoir les alcools de betteraves.

Quant à vous, Messieurs, vous n'avez pu qu'applaudir à la résolution prise par la Chambre de commerce. Dès le mois de septembre 1851, dans votre séance solennelle, vous avez eu occasion de signaler les avantages de l'institution. Lorsqu'en 1853 nous avons eu l'honneur d'obtenir une audience de l'Empereur, pour l'entretenir des besoins agricoles, industriels et commerciaux de l'arrondissement, nous n'avons pas négligé d'appeler l'attention toute spéciale de S. M. sur la question de notre entrepôt. Tout récemment enfin, vous avez appuyé, au nom des intérêts agricoles de l'arrondissement, la demande de l'entrepôt des alcools indigènes.

Aujourd'hui que les premiers bâtiments de cet entrepôt se sont élevés, et que, pour ce qui concerne les sucres indigènes, le provisoire qui a duré trois ans a fait place à une organisation définitive, aujourd'hui que des résultats constatés démontrent l'utilité de l'établissement et la nécessité de le compléter, nous avons pensé qu'il ne sera pas sans intérêt de vous signaler les inconvénients de notre législation, de vous rappeler ce qui a été fait jusqu'ici pour y parer autant que possible, en ce qui nous touche, enfin de vous montrer quel peut être l'avenir de notre entrepôt.

Vous verrez, Messieurs, si, après vous être livrés à l'examen des documents que nous allons avoir l'honneur de vous produire, vous n'aurez pas à demander au Gouvernement de rendre plus facile au commerce la mise en entrepôt de ses produits et marchandises de toute nature.

I.

L'institution des entrepôts est encore, chez nous, pour ainsi dire à l'état d'enfance. C'est à peine s'il existe, en France, 40 à 50 entrepôts de douanes, dont un tiers au plus de quelqu'importance, recevant annuellement tous ensemble 9 millions 1/2 de quintaux de marchandises. Aussi, peu de personnes savent exactement ce que c'est qu'un entrepôt; disons donc, en quelques mots, en quoi consiste ce genre d'établisssement.

On nomme *Entrepôt* les magasins où certaines marchandises, soumises à des droits, ont le privilége de séjourner, pendant un certain temps, avec suspension de ces droits.

On comprend facilement de quelle importance sont, pour le commerce, ces sortes d'établissements. Le commerçant, le manufacturier n'acquittent plus le droit lorsqu'ils font sortir de chez le producteur la marchandise qu'ils ont achetée, s'il s'agit de droit indirect, ou qu'ils ont introduite en France, s'il s'agit de droit de douane; mais ils acquittent ces droits à mesure qu'ils tirent tout ou partie de cette marchandise de l'entrepôt où ils l'ont déposée, c'est-à-dire à mesure de leurs besoins. Ils peuvent donc faire plus d'affaires sans augmentation de capital, ou la même somme d'affaires avec un capital moindre.

Ce qui constitue l'entrepôt est donc le privilége de la suspension des droits dûs à l'État a la marchandise entreposée. Aussi est-ce à tort que l'on donne le nom d'*entrepôt* à des magasins qui ne reçoivent que des marchandises, ou exemptes de droits ou qui, ce qui revient au même, les ont acquittées. Ces magasins sont nommés sans plus de raison *entrepôts libres*; ils n'ont pas plus la liberté de recevoir des marchandises soumises aux droits, que les entrepôts vrais n'ont la liberté de recevoir celles qui en sont exemptes. Ce sont, en un mot, de simples magasins loués au public à prix convenu.

Les entrepôts sont de deux sortes : ou ils sont publics, et sont alors nommés *entrepôts réels* ; ou ils sont particuliers et sont alors nommés *entrepôts fictifs*. — Nous n'avons à parler ici que de l'entrepôt réel ou public, de celui qui est ouvert à tous, dont tous peuvent user aux conditions imposées par la loi et par l'administration des finances ; de celui enfin qui est le plus profitable au commerce, puisque, placées sous la clé de l'administration, les marchandises n'y doivent les droits que sur les quantités sorties, tandis que, dans l'entrepôt fictif ou particulier, elles doivent les droits sur les quantités entrées et conséquemment sur les freintes, les manquants et les pertes.

Le Dock, mot nouvellement introduit chez nous, est un entrepôt. Il y a cette seule différence entre un dock et un simple entrepôt, que le premier contient dans son enceinte un ou plusieurs bassins où peuvent entrer des bateaux ou même des navires dont la cargaison se trouve ainsi tout entreposée, ce qui ne se trouve point dans l'entrepôt tel qu'il a existé jusqu'ici chez nous.

Nous venons de dire qu'en France, les entrepôts sont encore, pour ainsi dire, à l'état d'enfance. Il en est question, pour la première fois, dans le titre 9 de l'ordonnance de 1687. On sait qu'à cette époque, jusqu'à la révolution de 89, les impôts étaient affermés. L'ordonnance précitée permit aux fermiers des traites (douanes) d'établir des entrepôts en différentes villes dans l'étendue des provinces dites des *cinq grosses fermes*, c'est-à-dire des provinces de l'intérieur soumises au tarif uniforme de 1664. Ces entrepôts devaient recevoir les marchandises destinées pour les pays étrangers, pendant six mois au plus, sans qu'elles fussent sujettes aux droits pendant cet espace de temps.

Supprimés en 1688, ces entrepôts furent rétablis nous ne savons à quelle époque ; les conditions en furent successivement modifiées. Ainsi, le temps de l'entrepôt fut fixé, en 1717, à un an pour certaines marchandises ; en 1723 on y ajouta six mois, et un an en cas de guerre.

Sous le régime des douanes comme sous le régime des traites, c'est-à-dire après 1791, comme avant, on ne songea point à généraliser les entrepôts. Napoléon Ier en dota bien les principaux ports de son vaste empire, de sorte que dès lors l'entrepôt maritime entra dans les habitudes du commerce. Mais les entrepôts intérieurs demeuraient à l'état de très-rare exception.

L'entrepôt intérieur des marchandises de douanes ne devint légalement une institution générale que par la loi du 27 juillet 1832, qui permit son établissement dans les villes de l'intérieur, par l'administration municipale d'abord, et, à son refus, par la Chambre de commerce. Toutefois, l'entrepôt intérieur fut grevé du remboursement à l'état des appointements des employés du fisc attachés au service de l'établissement, ce qui n'existe pas pour les entrepôts maritimes.

La loi des finances du 10 août 1839 mit bien, à l'avenir, à la charge de l'Etat, les salaires de ces employés ; mais l'interprétation erronée, donnée jusqu'ici à cette loi par l'administration, en a paralysé l'effet (1).

Jusqu'en ces derniers temps, les sels étrangers étaient prohibés à l'entrée en France. Un décret du 11 juin 1806 admet dans les entrepôts de douane les sels français. Reçus dans les mêmes entrepôts que les marchandises étrangères, soumis au contrôle et à la surveillance de la même administration, ils sont cependant régis par des lois spéciales. — Tous les entrepôts de douane, maritimes ou intérieurs, ne peuvent pas les recevoir. Conduits d'un entrepôt maritime sur un entrepôt intérieur, ils doivent l'être par la voie des rivières. Il n'est point accordé de *réfraction* (diminution de droit) sur les sels avariés ou submergés en cours de transport d'un entrepôt à un autre, etc.

Pour les boissons, il faut distinguer : les produits étrangers et coloniaux sont admis dans les entrepôts de douanes, comme toutes autres marchandises étrangères. Il n'en est pas de même des produits de la métropole.

La loi du 28 avril 1816, art. 38, admet bien pour ces derniers l'*entrepôt public*, mais cet entrepôt est exceptionnel ; il n'est régi ni par la douane, comme l'entrepôt réel des produits étrangers,

---

(1) Le *Code des Douanes* de M. Bourgat, l'ouvrage le plus complet et le plus estimé sur la matière (M. Bourgat est chef de bureau à l'administration des douanes), s'exprime ainsi (t. 1, p. 304, n° 483) :

« Les villes qui demanderont l'établissement d'un entrepôt devront pourvoir à la dépense spéciale nécessitée par la création et le service desdits entrepôts, tant pour les bâtiments que pour les salaires des employés chargés des écritures, de la garde, de la surveillance et de la perception, et généralement à tous les frais occasionnés par ces entrepôts. (*Loi du 27 février 1832, art. 10.*) »

Et en note : « La dépense relative au service de perception et de surveillance des entrepôts de douanes créés en vertu de la loi du 27 février 1832 *est mise à la charge de l'Etat*, à partir du 1ᵉʳ janvier 1840 (*Loi du 10 août 1839, art. 11.*) »

Or, si l'on cherche les motifs de cette dernière disposition, on les trouve dans l'exposé du Ministre des finances à la Chambre des députés (*Moniteur du 25 janvier 1839*). « Une autre réduction de 163,000 fr., dit-il, résulte de la proposition que nous croyons devoir vous faire de *mettre à la charge de l'Etat les frais de surveillance et de perception des entrepôts de douane de l'intérieur*. Il supporte déjà les frais de même nature pour les entrepôts situés sur les frontières, et, quoique l'analogie ne soit pas entière entre ces deux espèces d'entrepôts, il nous a paru convenable de souscrire à un sacrifice qui pourra contribuer à *assurer l'avantage qu'on a voulu obtenir par la loi du 27 février 1832*, de rapprocher le plus possible l'avance des droits de douanes par le négociant de leur remboursement par le consommateur réel. »

La mesure a paru tellement juste, convenable, rationnelle, que pas une voix ne s'est élevée pour la combattre, pas une seule observation n'a été faite, soit à la Chambre des Pairs, soit à la Chambre des Députés.

ni par l'administration des contributions indirectes, comme l'entrepôt des sucres indigènes, dont nous allons parler, l'était il y a peu de temps et en partie encore aujourd'hui. C'est tout simplement un entrepôt d'octroi, qui peut être créé pour le plus grand avantage des villes, et uniquement dans le but de faciliter la perception des droits qu'elles perçoivent.

Quant aux sucres indigènes, soumis comme leurs similaires des colonies, à un droit considérable, plus élevé même aujourd'hui, ils ne jouissent des avantages de l'entrepôt réel que depuis 1846 ; et encore la loi du 31 mai, qui leur fait cette faveur, ne crée-t-elle que deux entrepôts pour eux, l'un à Paris, l'autre à Lille (1). Partout ailleurs, il est vrai, des entrepôts de sucre indigène peuvent être établis ; mais de la même manière et aux mêmes conditions que pour l'entrepôt réel des douanes à l'intérieur, c'est-à-dire en payant les employés du fisc.

Tel est, en résumé, la législation disparate des diverses espèces d'entrepôts en France.

En Angleterre, les entrepôts n'ont pas seulement pour objet la suspension des droits. Chacun sait ce que sont les docks de Londres, établissements immenses dont l'étendue varie de 100 à plus de 400 mille mètres carrés. Contigus au port, qui est éloigné de la cité où se font les affaires, ils offraient cet inconvénient qu'il fallait aller de la cité aux docks pour justifier de la propriété de la marchandise et de sa qualité. — Pour parer à cet inconvénient on créa les *Warrants*.

Le *Warrant* est une reconnaissance, remise par la Compagnie propriétaire du dock, au négociant, constatant qu'elle a reçu et emmagasiné, pour son compte, telle quantité de marchandise de tel poids, de telle qualité. — Le warrant est transmissible par endossement. — L'endossement est un acte de vente. — La livraison de la marchandise s'opère par la remise du warrant qui est un document authentique ayant force légale entre l'acheteur et le vendeur.

Les avantages de cette institution sont hors de doute, du moment où ce mode de transaction peut entrer dans les habitudes du commerce. Aussi vit-on la Belgique l'adopter en principe dans la loi du 4 mars 1846 ; mais l'exécution n'en fut réglée que par la loi du 28 mai 1848, c'est-à-dire après le décret du gouvernement provisoire qui implanta en France cette institution.

En Belgique, comme en Angleterre, on fit du warrant une facilité de l'entrepôt ; en France on en fit d'abord une institution à part, que l'on rapprocha bientôt de l'autre et qui finiront par se confondre. Nous devons dire qu'en France comme en Belgique, les warrants n'ont point encore rendu les services qu'ils sont appelés à rendre au commerce. Ils rendront ces services le jour

---

(1) Nous croyons qu'il ne sera pas sans intérêt de reproduire ce que la Société disait à l'occasion de la question des entrepôts des sucres en 1844 et 1845, dans ses observations adressées à la Chambre des Députés, le 10 février 1845. (*Voir la pièce Q à la suite.*)

où l'institution sera telle qu'ils seront entre les mains de tous les déposants, sans que le porteur d'un warrant puisse être considéré, à tort ou à raison, ou comme un spéculateur, ou comme ayant besoin de crédit.

C'est ce qui a lieu en Angleterre ; et tout nous porte à croire qu'il en sera bientôt ainsi en France.

II.

En 1844 et 1845, à la suite de la discussion de la loi qui mit un droit égal sur tous les sucres français, de betteraves ou de cannes, on comprit qu'il était juste et équitable de faire jouir les deux sucres des mêmes avantages. Le Gouvernement proposa donc d'accorder aux sucres de betteraves le droit d'entrepôt dont jouissaient les sucres de cannes. Mais quand du principe on passa à l'application, on réduisit l'acte de justice à sa plus simple expression possible ; on proposa un seul entrepôt, à Paris ; de sorte que les lieux de production de la matière première du raffinage et la raffinerie du Nord se trouvaient déshérités de l'avantage que le Gouvernement proposait d'accorder au commerce parisien.

Lille et Valenciennes réclamèrent ; c'est alors, Messieurs, que, dans des observations adressées à la chambre des députés, vous prouvâtes de la manière la plus complète que Valenciennes avait, au moins autant que Lille, droit à la création d'un entrepôt aux frais de l'Etat (1). Nous verrons que vous ne vous étiez pas trompé.

L'administration des Contributions indirectes partageait notre opinion, aussi M. le directeur général, de passage à Valenciennes, nous disait-il que le Gouvernement n'admettait pas que Lille eût des droits à cette faveur. Il ne voulait qu'un seul entrepôt à Paris, ou si Lille devait en avoir un autre, il convenait qu'il en fallait créer trois, Valenciennes devant passer avant Lille.

Vous savez ce qui se fit à la chambre : le Gouvernement persista dans sa demande d'un entrepôt unique. Un amendement en faveur de Lille, combattu par l'administration, obtint pour cette ville un second entrepôt, et les droits de Valenciennes furent sacrifiés, bien que reconnus.

A la vérité, Valenciennes pouvait, comme toute autre ville, se donner un entrepôt, mais à des conditions d'infériorité relativement à celui de Lille. On ne le fit pas d'abord.

Lors de la crise commerciale occasionnée par la Révolution de février 1848, un décret du Gouvernement provisoire du 21 mars et un arrêté du ministre des finances du 26 du même mois permirent la création, même d'urgence, de *magasins généraux*, où l'on pourrait recevoir des marchandises à certaines conditions, et les mobiliser au moyen de *warrants*.

La Chambre de commerce de Valenciennes, désirant faire

---

(1) Voir aux documents joints lettre E.

profiter des avantages offerts par la nouvelle institution, les industriels et négociants de sa circonscription, réclama du commissaire général du département, fesant alors les fonctions de Préfet, l'ouverture de ces magasins à Valenciennes.

Cette ouverture fut autorisée d'urgence par arrêté du commissaire général du 21 avril, approuvé par le ministre des finances par lettre du 24.

Des magasins furent en conséquence ouverts de deux côtés à la fois, dans des locaux fournis par l'administration des hospices et dans un local situé rue des Foulons.

Ces magasins rendirent quelques services au commerce, mais causèrent plus d'une déception. Si notamment le commerce des sucres y trouva des avantages, ils étaient accompagnés de graves inconvénients. Et, en effet, les sucres n'étaient admis dans ces magasins qu'autant qu'ils avaient acquitté les droits ; de sorte que les sucres entreposés doublaient, sans avantages pour personne, la responsabilité de l'entrepositaire, doublaient également les frais de dépôt, (le tarif étant à la valeur), et forçaient les déposants à une mise dehors de capitaux double, ou à une vente précipitée, c'est-à-dire ruineuse.

A cette époque il n'était pas possible qu'il en fut autrement. Valenciennes n'avait pas d'entrepôt réel et l'on ne pouvait conséquemment pas, comme on pût le faire à Lille, concentrer dans un même local les avantages des deux établissements.

La crise passée et l'insuffisance du remède constaté, on sentit le besoin d'un établissement régulier, fonctionnant en tout temps, et qui conséquemment dispenserait de l'obligation toujours fâcheuse de recourir à des expédients qui n'atteignent jamais qu'imparfaitement le but.

La nécessité d'établir à Valenciennes un entrepôt, tant pour les sucres indigènes que pour les marchandises de douanes ayant été reconnue par la Chambre de commerce, cette Chambre mit en demeure le Conseil municipal de créer l'entrepôt, comme c'était son droit, ou d'y renoncer en faveur de la Chambre.

Le Conseil, par délibération du 19 octobre 1850, ayant renoncé à son droit, la Chambre se mit en mesure de créer l'entrepôt, et, à cette fin, traita avec une société, à qui elle concéda le droit de créer cet établissement.

Par suite de ces conventions, la Chambre a demandé d'abord à M. le ministre des finances, par lettre des 23 décembre 1850 et 4 février 1851, l'autorisation d'ouvrir l'entrepôt des sucres, provisoirement dans l'ancienne halle au blé, et définitivement sur un terrain dont nous parlerons plus bas. Cette autorisation a été accordée par décision du Conseil d'administration du ministère des finances du 11 mars, approuvée par le ministre le 10 avril 1851, et transmise le 2 mai suivant. (1) L'entrepôt provisoire a été ouvert le 25 novembre 1851, dans le lieu indiqué ci-dessus où il a continué à fonctionner jusqu'en novembre 1854,

---

(1) Voir la pièce à la lettre L.

époque à laquelle il a été transporté dans les magasins définitifs.

Plus tard, la Chambre demanda l'autorisation de joindre à l'entrepôt des sucres, l'entrepôt des marchandises de douanes, ce qui fut également accordé par décret du 5 avril 1852. (1)

Par dépêche du 13 du même mois, l'entrepôt des sucres fut autorisé à recevoir les marchandises de douanes, ce qui équivaut, jusqu'à un certain point, à la réunion des deux établissements en un seul. (2)

Entre temps, la Chambre avait réclamé l'assimilation de l'entrepôt des sucres, déjà créé, aux *magasins généraux*, afin d'y appliquer le système des warrants. Par sa lettre du 3 janvier 1852, M. le Préfet du Nord annonçait que M. le ministre des finances était disposé à faire droit à cette demande. Cependant on réclamait la garantie de la ville de Valenciennes. Cette garantie fut donnée par délibération du Conseil municipal du 23 novembre 1852. L'autorisation d'appliquer à l'entrepôt des sucres le système du magasin général fut accordé par le ministre des finances par décision du 13 septembre 1853. (3)

Restait à régler les conditions auxquelles cette application aurait lieu. Ferait-on aux marchandises warantées les conditions de l'ancien magasin général qui avait cessé d'exister, leur appliquerait-on les conditions de l'entrepôt des sucres, sauf quelques modifications? Ces questions agitées pendant les premiers mois de 1853, et plus tard encore, empêchèrent l'application immédiate du système, qui ne commença à fonctionner qu'en janvier 1854, mais à des conditions jusqu'ici provisoires, le Conseil municipal n'ayant point encore donné son avis sur ces conditions.

Cependant, l'entrepôt général projeté par la chambre de commerce devait être construit contre le chemin de fer du Nord, à l'endroit où la voie est encore la station ; ainsi l'exigeait impérieusement l'intérêt du commerce.

A cet effet, un vaste terrain avait été acquis par les concessionnaires à la sortie de la ville, à droite de la route d'Anzin. Ce terrain tenant d'un point à la route impériale par un bout de chemin communal, est contigu d'une part à la voie de fer, d'autre part au canal de l'Escaut. Ces trois circonstances, si heureuses pour la facilité des relations commerciales, ne peuvent se rencontrer réunies qu'en ce seul point du territoire.

Cet emplacement avait été agréé par le ministre des finances, d'accord avec son collègue du commerce. Mais le terrain se trouvant dans la zone militaire, il fallait encore l'agrément du ministre de la guerre.

Cet agrément fut demandé par la Chambre de commerce et refusé par le ministre.

---

(1) Lettre M.
(2) Lettre O.
(3) Lettre N.

La chambre de commerce, se fondant sur ce que l'enquête exigée en pareil cas n'avait point eu lieu, renouvela sa demande. Conformément à la loi sur les servitudes militaires, la question de savoir si l'établissement projeté était d'utilité publique et ne pouvait être placé ailleurs, fut soumise à une commission composée du maire de la ville, du chef du génie et de l'ingénieur des ponts et chaussées.

La chambre de commerce, s'emparant du résultat de cette enquête qui constatait, suivant elle, les faits d'après lesquels le ministre de la guerre pouvait légalement autoriser la construction de l'entrepôt, s'empressa de faire une nouvelle demande, qui eût, comme la première, pour contradicteur, M. le chef du génie.

L'inspecteur général de l'arme, qui se rendait alors à Valenciennes, fut chargé par le ministre d'étudier la question, et de faire un rapport.

Le terrain sur lequel on se proposait de construire l'entrepôt, avons-nous dit, tenait d'un part à la voie de fer, de l'autre au canal. Du côté du canal, le terrain est dans la seconde zône militaire où l'on peut construire en bois. Du côté du chemin de fer, le terrain est dans la première zône, dans laquelle on ne peut construire que pour cause d'utilité publique constatée et avec l'assentiment du ministre de la guerre.

Il paraissait à la Chambre de commerce qu'il y avait utilité publique évidente de construire l'entrepôt dans la première zône afin que cet établissement fut contigu à la voie de fer. C'est pourquoi une nouvelle demande avait été faite par elle après le refus du ministre. Mais cette seconde demande restait sans réponse. Le temps s'écoulait ; le moment arrivait où l'on ne pourrait plus construire que pour la campagne de 1855. C'était encore une année passée dans le provisoire pour l'entrepôt des sucres et un retard beaucoup plus long encore pour l'entrepôt des marchandises de douanes. Dans ces circonstances, la chambre, sans abandonner ses projets pour des constructions ultérieures, demanda le 11 juillet 1854 à construire deux magasins pour les sucres dans la partie du terrain situé dans la seconde zône, à l'endroit qui avait été indiqué comme propre à un entrepôt par le chef du génie lui-même. Cette demande fut accueillie par le ministre de la guerre le 27 du même mois et les bâtiments s'élevèrent immédiatement.

Jusqu'ici, bien que, comme nous le dirons tout à l'heure, l'entrepôt des sucres de Valenciennes reçoive, à très peu de chose près, autant de marchandises que celui de Lille, le stock a toujours été différent. Jamais à Valenciennes il n'a passé 13,000 sacs, tandis qu'à Lille il a été jusqu'à 30,000 environ. Cela tient à la différence des opérations commerciales qui ont lieu sur ces places. Toutefois, la Chambre de commerce s'était mise en mesure de recevoir, ou plutôt d'emmagasiner ensemble 33,000 sacs de sucre dans ses deux magasins.

Cependant, la transformation des fabriques de sucre en distillerie appela l'attention de la Chambre, et elle vit, d'une part, que les quantités de sucre entreposées allaient diminuer nécessairement; d'autre part, que les nombreux produits des fabriques d'alcool avaient eux-mêmes besoin des facilités de l'entrepôt. Aussi, demanda-t-elle au Gouvernement par lettre du 9 septembre 1854 l'autorisation de faire entrer dans son entrepôt les alcools de betteraves concurremment avec les sucres. Cette faculté lui a été accordée par lettre du 29 décembre suivant, (1) mais seulement aux conditions de l'entrepôt fictif, c'est-à-dire à des conditions qui rendent impossibles les avantages que l'on se promettait de la mesure.

III.

Après avoir dit ce que c'est qu'un entrepôt public et ce qui a été fait pour en créer un à Valenciennes, nous devons vous démontrer de quelle importance il est pour notre commerce, vous indiquer quels services il est appelé à rendre au pays.

Grâce au progrès de l'agriculture de son arrondissement, grâce au développement de son industrie, Valenciennes est appelée à redevenir une importante ville de commerce; nous n'en voulons pour preuve que les chiffres des affaires qui se font à notre comptoir de la Banque de France, chiffres qui placent ce comptoir au premier rang. Le comptoir de Valenciennes est en effet le plus fructueux des comptoirs de la Banque, bien que l'un des derniers créés. (Institué en octobre 1846, il a commencé à fonctionner le 12 juillet 1847.) (2).

---

(1) Lettre P.
(2) D'après le *Moniteur*, la masse des opérations de la Banque de France pour les trois dernières années a été comme suit :
Pour 1852............ 2.541.000.000 fr.
　　 1853............ 3.964.000.000
　　 1854............ 3.888.000.000
La part que les succursales ou comptoirs ont prise dans cette masse d'affaires a été de :
Pour 1852............ 1.306.000.000 fr.
　　 1853............ 2.098.000.000
　　 1854............ 2.161.000.000
Proportion de plus de moitié et qui s'accroît chaque année.
Parmi ces succursales, les six dont les opérations ont été les plus considérables en 1854, sont les suivantes :
Marseille............ 277.000.000 fr.
Lyon................ 210.000.000
Bordeaux............ 179.000.000
Lille................ 151.000.000
Valenciennes........ 127.000.000
Besançon............ 107.000.000
Les bénéfices de la Banque ont été pour 1854 :
1er Semestre........ 10.220.000　⎫ 17.702.500
2e　id.　　........ 7.482.500　⎭
La succursale de Valenciennes a donné :
1er Semestre........ 494.622 f. 51 c.　⎫ 882.877 f. 16 c.
2e　id.　　........ 388.254　65　⎭

Mais cet établissement, qui rend à notre commerce d'éminents services, n'était point le seul dont notre ville eût besoin d'être doté : toute ville de commerce a besoin d'un entrepôt et d'une bourse.

La loi du 28 ventôse an IX, qui ordonne la création des bourses de commerce, classe Valenciennes parmi les villes qui doivent en avoir : l'arrêté des consuls du 6 messidor suivant organise cette institution en indiquant le local qui doit y être affecté, et en y attachant quatre agents de change et quinze courtiers. Mais hélas, le monument dont le rez-de-chaussée porta inutilement le nom de bourse s'est écroulé, et, quant aux fonctionnaires chargés d'y constater les transactions, il n'en est aucun, que nous sachions, qui ait jamais rempli la mission que la loi lui confiait.

Notre Société n'avait point à intervenir auprès du gouvernement, soit au nom des intérêts de notre agriculture, soit au nom des intérêts de notre industrie, pour que la bourse de Valenciennes devînt une réalité. Le Gouvernement a fait, à cet égard, tout ce qu'il était en lui de faire ; le reste dépend de la Chambre de commerce et de l'administration de la ville qui comprendront, nous en avons l'espoir, de quelle importance il est de compléter la série des établissements publics appelés à faciliter notre commerce, de doter enfin la ville d'une institution réclamée depuis 1768 (1), c'est-à-dire depuis près d'un siècle.

L'entrepôt, comme nous l'avons dit, a été ouvert pour les sucres indigènes, le 25 novembre 1851, et établi provisoirement dans l'ancienne halle aux blés, en attendant que la Chambre de commerce pût l'établir attenant au chemin de fer, et le compléter en l'appliquant à toutes les marchandises sujettes à des droits.

La campagne 1851-52 (les campagnes se comptent d'août en août), a donc commencé, pour lui, le 25 novembre. Il y est entré, pendant cette campagne...... 44,778 sacs de sucre.

(le sac est de 100 k.)

Il a reçu en 1852-53............ 48,169
Soit 4,391 sacs de plus qu'en 1851-52.
En 1853-54, il a reçu.......... 87,663
39,494 de plus qu'en 1852-53.

Ensemble............. 180,610

Puis viennent celles de Besançon............	694,479	86
Bordeaux............	554,644	95
Lille............	523,525	16
Marseille............	454,491	19
St-Quentin............	446,741	21

Il résulte de ces chiffres que le comptoir de Valenciennes a procuré en 1854, à la Banque de France, à peu près 1/30e du montant de la valeur de ses opérations, et 1/20e de ses bénéfices.

Il faut ajouter que, parmi ses maisons de crédits, Valenciennes compte quatre banques par actions, au capital, ensemble de 20 millions.

(1) *Seconde partie du rapport sur le commerce de Valenciennes, fait au nom du bureau de commerce.* p. 34.

Pendant ces trois campagnes, l'entrepôt de Lille a reçu
201,871 sacs.
Celui de Valenciennes....... 180,610

Différence........... 21,261
Moyenne annuelle..... 7,089

Ainsi, l'entrepôt de Valenciennes, sans tenir compte des trois mois qui lui ont manqué sur trente-six, ne s'est trouvé inférieur à celui de Lille que de 7,000 sacs par an en moyenne, et de plus, la différence, pour la dernière campagne, n'a été que de 4,000, le chiffre de Lille étant, pour 1853-54, de 91,000 et celui de Valenciennes de 87. C'est s'être élevé, de prime abord, à la même hauteur, si l'on songe que l'institution est, chez nous, toute nouvelle et que les locaux provisoires étaient insuffisants pour les besoins.

Il faut ajouter qu'une autre concurrence s'élevait à Douai, où un entrepôt s'ouvrait à la même époque, celui-là tout d'abord définitif et beaucoup plus vaste que nos magasins provisoires.

L'entrepôt de Douai a donné, pendant la première campagne, des résultats insignifiants ; ils ont été plus importants pendant les suivantes. Voici les résultats des trois entrepôts du Nord :

	Lille.	Valenciennes.	Douai.
1851-52	51,272 sacs	44,778 sacs	13,705 sacs
1852-53	58,853	48,169	42,047
1853-54	91,747	87,663	57,279

A la circonstance d'infériorité, pour notre entrepôt, résultant de l'exiguité des locaux, était venu se joindre, pendant les dernières campagnes, une autre circonstance également à notre désavantage, l'absence de *warrants*.

Dès 1848, date de la création, l'institution nouvelle avait été appliquée à l'entrepôt de Lille. Abandonnée depuis, elle y fut réappliquée pendant la campagne 1852-53. Elle fut également appliquée, pendant cette campagne, à l'entrepôt de Douai. Il faut ajouter qu'elle fonctionnait à l'entrepôt de Paris. A Valenciennes, il n'y eut de warrants qu'en 1854. L'état provisoire de l'entrepôt et l'absence du règlement des conditions à leur imposer, par les causes dites ci-dessus, n'ayant pas permis l'application plus immédiate du système : il en est résulté, de ce chef, que des sucres qui y fussent venus s'entreposer, ont été conduits soit à Douai, soit à Lille, soit même à Paris.

Il y a eu de warrantés, savoir :

	Lille.	Douai.	Valenciennes.
En 1852-53	8,405 sacs	14,126 sacs	»»
En 1853-54	2,066	18,986	8,322

Si l'on déduit du total des quantités entrées pendant les deux dernières campagnes, les quantités warantées, on a les résultats suivants :

Sucres non warantés entrés savoir :
A l'entrepôt de Lille.................... 139,535 sacs.
— de Valenciennes............. 127,751
— de Douai.................. 66,214

La cause momentanée résultant de l'absence des warrants a disparu, ainsi que celle tenant à l'exiguité d'emplacement. Les chiffres ci-dessus disent assez que dès lors l'entrepôt des sucres de Valenciennes marchera au moins de pair avec celui de Lille.(1)

Si l'on était tenté de nous opposer les chiffres des sucres entrés jusqu'ici pendant la campagne courante, nous ferions deux observations : 1° Cette campagne a commencé sous le coup d'un déménagement. Les sucres en stock ont été transportés des locaux provisoires dans le local définitif. Des désavantages se sont présentés, qui désormais ont disparu, comme un chemin en mauvais état qu'il a fallu élargir, prolonger et en quelque sorte refaire; 2° on peut voir par les chiffres des entrées mensuelles, que décembre, janvier et février sont les mois où il entre le plus de sucre à l'entrepôt de Lille, qui alors dépasse de beaucoup celui de Valenciennes. Mais, que pour les six mois suivants qui complètent la campagne, Valenciennes l'emporte sur Lille. C'est donc lorsque chaque campagne est terminée que l'on peut seulement asseoir une opinion.

Pour cette campagne 1854-55, les entrées avaient été fin février comme suit :

A Lille.................... 57,457 sacs
A Valenciennes............. 38,617
A Douai.................... 18,849

Ce qui constitue pour Valenciennes à l'égard de Lille une infériorité de......................... 19,406 sacs.

Or, en chiffres ronds, si l'on compare cette infériorité à celles des campagnes précédentes, on trouve, à la même date (fin février) :

1851-52............ 20,000 sacs en plus à Lille.
1852-53............ 19,000 —
1853-54............ 13,000 —

Moyenne.......... 17,000, soit 2,000 sacs seulement de moins que le chiffre de cette année, différence qui tient aux causes ci-dessus dites et à la transformation d'un certain nombre de fabriques de sucre en distilleries. Il n'en est pas moins vrai que chaque année se termine, en moyenne, avec 10,000 sacs de moins en infériorité sur Lille, fin août que fin février ; donc il suit, comme nous venons de le dire, qu'une comparaison de la campagne actuelle ne peut être faite avant la fin.

A l'entrepôt des sucres indigènes, avons-nous dit, sera joint l'entrepôt des marchandises de douane. Parmi les marchandises que la Belgique a exportées jusqu'ici à destination de la France, par toutes les voies de terre ou de mer, celles susceptibles d'être mises en entrepôt, sont : les métaux, — les bois, — les lins, laines et tissus, — certains produits agricoles indigènes et exotiques, — les cuirs, — les graisses. — Le total, en poids, de ces impor-

---

(1) Voir pour les détails des chiffres ci-dessus les pièces A, B, C, D, E, G.

tations était, en 1850, époque à laquelle nous avons fait ces calculs, en moyenne annuelle de...... 94 millions de kilogr.
de ces 94 millions, le chemin de fer
de Quiévrain en importait, en 1850,
pour Valenciennes.................. 15

C'est déjà un fait assez remarquable que l'entrée, par Valenciennes, du sixième des marchandises entreposables exportées pour la France, par la Belgique, alors même que notre ville n'offre point encore à ces marchandises les facilités de l'entrepôt; alors que parmi ces 94 millions de marchandises, il en est de totalement prohibées par notre frontière ou qui l'étaient à cette époque. Mais on comprend que Valenciennes est le débouché capital de la Belgique quand on voit que tandis que par Mouscron (Lille) il est entré, en 1850, 15 millions de kilog. seulement de marchandises belges, entreposables ou non (ces dernières sont les plus nombreuses), il en est entré par Quiévrain (Valenciennes) 113 millions.

Le nouveau traité a apporté quelques modifications aux droits de douanes, modifications favorables aux opérations que notre entrepôt est appelé à faciliter. Ainsi, les houblons belges ne paient plus que 40 fr. au lieu de 65 fr. 50 c. les 100 kilog; — les tissus de lins ont obtenu une réduction de droit de 15 o/o; — le droit sur les fontes, diminué par un décret récent, ne peut être relevé; — il y a aussi réduction sur le droit pour les ardoises. — La prohibition est remplacée par des droits sur les tissus de coton, les poteries de terre de pipes et de grès fin. — Nous ne parlons pas de la levée de la prohibition sur les denrées coloniales, elle n'est que nominale (1).

Ces modifications et celles qui adviendront par la suite doivent tourner au profit du commerce de notre ville. Déjà, si nous comparons les importations faites chez nous de marchandises entreposables, en 1850 et 1854, nous voyons que le chiffre en a doublé. Il y a diminution sur quelques-unes sans doute, probablement accidentelle, mais il nous a été importé 26 millions de kilog. de fonte au lieu de 13, — 56,000 kilog. d'acier au lieu de 5, — 2 millions de kilog. de zinc au lieu de 200,000, — 80,000 kilog. de lins et chanvres au lieu de 28,000, — 480,000 kilog. de chicorée au lieu de 125,000, — enfin, en somme, 30 millions au lieu de 15 (2).

Dans ces marchandises, nous n'avons pas compté les sels qui, français ou étrangers, sont soumis à des droits. On en estime l'envoi à Valenciennes pour un certain rayon, qu'ils viennent de Belgique, de Calais ou de Dunkerque, à 600,000 kilog. annuellement.

Si maintenant nous nous retournons vers les marchandises

---

(1) Il est à la vérité venu d'Anvers à Valenciennes 32,000 kilog. de café, mais c'est là une fausse opération faite par une maison de commerce qui, peu de temps après, liquidait avec un fort passif.
(2) Voir pour les chiffres des détails ci-dessus les pièces H, I, K.

exportées de France, nous voyons que la Belgique nous achète, annuellement, 100,000 hectolitres de vins en pièce, dont 25,000 environ entrant par terre (canaux et chemins de fer), plus 900,000 bouteilles, qui entrent toutes par terre. Nous ne pouvons pas savoir exactement ce qui passe chez nous de ces produits par la raison que, pour beaucoup, on use de la faculté d'acquitter les droits de sortie, soit sur les lieux, soit à Paris, et non en franchissant la frontière. Cependant, comme, dernièrement encore, on acquittait les droits, soit au bureau de Valenciennes, soit au bureau de Condé, sur environ 10,000 hect. de boissons diverses, à destination pour la Belgique, il faut en conclure que les 25,000 expédiés par terre passent à peu près tous par Valenciennes.

Il n'est pas de position meilleure que la nôtre pour entreposer ces vins qui peuvent être expédiés par toute la Belgique, à mesure des demandes, ou par eau, ou par voie de fer. Il faut ajouter que des vins et des alcools peuvent venir aussi pour la consommation locale, qui a son importance ; enfin parmi les énormes quantités d'alcools de mélasses et de betteraves produites dans le pays, il est bien aussi quelques pipes qui viendront attendre à l'entrepôt, lorsque l'administration leur en aura ouvert la porte, le moment opportun d'être expédiées à destination.

IV.

Nous venons de voir ce qu'un entrepôt général de toutes marchandises sujettes à des droits, tant françaises qu'étrangères, peut offrir, à Valenciennes, d'intérêt pour le commerce. Mais pour arriver à ce résultat, il faudrait que la chambre de commerce pût compléter son œuvre, obtenir de recevoir dans son entrepôt toutes les marchandises sujettes à des droits, aux mêmes conditions, à des conditions uniformes.

Elle est autorisée à y recevoir les sucres de betteraves et les marchandises de douane ; il faudrait d'abord qu'il en fut ainsi des sels et des boissons. Puis, que toutes ces marchandises fussent soumises à un même régime, à une seule et même administration ; et enfin que les warrants fussent applicables à toutes les marchandises entreposées et que l'application du système fut simplifiée.

Les sels, qui nous viennent de Belgique, de Calais et de Dunkerque, sont destinés aux raffineries de Valenciennes, de Saint-Amand, du Quesnoy, de Landrecies. Arrivés à Valenciennes, ils ont acquitté les droits et doivent être enlevés immédiatement à la station du chemin de fer ou au port du canal de l'Escaut. Il serait indispensable que, comme les marchandises de douane, ils pussent venir, exempts de droits, à notre entrepôt, tant par la voie de fer que par voie d'eau, soit qu'ils viennent de Belgique, soit qu'on les tire des entrepôts de Calais ou de Dunkerque ; qu'ils pussent franchir la distance sans payer les droits pour réfraction, c'est-à-dire sur les quantités qui n'arrivent point à destination ; que le raffineur enfin pût les tirer de l'entrepôt de Valenciennes à mesure de ses besoins, en acquittant les droits sur les quantités seulement qu'il fait sortir, absolument comme pour les produits étrangers d'autres natures.

Les vins et les alcools étrangers vont pouvoir s'entreposer à Valenciennes, qu'ils y soient envoyés directement ou qu'ils soient tirés d'autres entrepôts. Aujourd'hui surtout, que le droit sur les vins étrangers est réduit à 25 c. l'hectolitre et celui sur les alcools à 15 fr. il y aurait une véritable injustice à ne pas mettre les produits similaires français sur le prix des produits étrangers, à favoriser ces derniers.

C'est ce qu'a compris la Chambre de commerce qui a demandé l'autorisation de recevoir dans son entrepôt les alcools de betteraves. Cette demande, qui avait un intérêt majeur pour l'agriculture et l'industrie de la localité, vous avez cru devoir l'appuyer en adressant à M. le Sous-préfet, dont vous avez déjà pu apprécier toute la sollicitude pour ces intérêts, la lettre suivante :

« Monsieur le Sous-Préfet,

» La Chambre de commerce de Valenciennes a demandé à S. Exc. M. le ministre de l'agriculture et du commerce l'autorisation d'admettre, en entrepôt réel, dans son entrepôt des sucres indigènes et des douanes, les alcools de betterave. Cette demande a été envoyée par M. le ministre à son collègue des finances avec un avis favorable. Nous venons vous prier d'appuyer la demande de la Chambre de commerce à laquelle nous nous joignons dans l'intérêt de notre agriculture.

» Vous le savez, Monsieur le Sous-Préfet, il n'est point d'arrondissement en France où l'intérêt agricole et l'intérêt industriel soient plus instamment liés que dans l'arrondissement de Valenciennes, riche par la culture de ses colzas, de ses chicorées, et surtout de ses betteraves. C'est ici surtout que l'on peut apprécier la vérité de cette pensée prise pour épigraphe d'un des ouvrages de l'un de nos savants collègues (A. Dubrunfaut, — *l'Agriculteur manufacturier*.) : « L'homme qui se borne à ré-
» colter des mains de la nature, n'est pas agriculteur. »

» L'agriculture est donc intéressée à ce que le gouvernement favorise par tous les moyens en son pouvoir l'écoulement des produits manufacturiers dont la matière première est un produit du sol, tels les sucres, tels les alcools.

» La Chambre de commerce, disons-nous, sollicite l'autorisation de recevoir en entrepôt les alcools de betteraves, comme elle reçoit les sucres provenant de cette racine. L'agriculture a le plus grand intérêt à ce que la demande de la Chambre soit favorablement accueillie.

» La législation si compliquée des entrepôts n'a rien qui s'oppose à ce que la question soit affirmativement résolue. Les principes de la matière, et plus encore la sollicitude du gouvernement de l'Empereur pour tout ce qui touche aux intérêts agricoles, industriels et commerciaux du pays, nous sont de sûrs garants que la mesure proposée sera admise.

» Le principe fondamental de la mesure, c'est l'égalité de protection à l'égard des produits nationaux de la canne et de la betterave.

» La loi du 2 juillet 1843 porte que le droit sur le sucre indigène sera égal à celui du sucre colonial, au moyen d'une augmentation progressive qui aura lieu en quatre ans.

» La loi du 31 mai 1846, qui règle l'application de ce droit, pour rendre les conditions égales, crée, au profit des sucres indigènes, le droit d'entrepôt dont le sucre colonial jouissait seul jusqu'ici.

» Une circulaire du 21 octobre 1844 (n° 310), refuse l'entrée de ces entrepôts aux sucres en pain. Elle est fondée sur ce que le raffinage des sucres est interdit aux colonies.

» Enfin, un récent décret supprime la surtaxe de douane que payaient les alcools coloniaux, en plus des droits indirects, payés indistinctement par tous les alcools.

» Ne résulte-t-il pas, à l'évidence, de ces différentes dispositions, que la volonté du législateur, du gouvernement et de l'administration a été de traiter sur un pied d'égalité complète les différents produits de la canne et de la betterave ?

» La diminution momentanée du droit sur le sucre colonial n'est point une atteinte à ce principe d'égalité. Elle n'est basée que sur le tort causé aux colons par l'émancipation des esclaves. Elle n'est que provisoire et doit disparaître lorsque le mal sera réparé. Le principe de l'égalité parfaite est donc la loi de la matière.

» Cependant, aujourd'hui, les alcools coloniaux sont admis en entrepôt réel, et ceux de betteraves ne le sont point encore.

» Tant qu'il y avait un droit de douane sur les alcools coloniaux, cette différence pouvait se justifier. Aujourd'hui que les deux produits, également français, ne sont plus soumis qu'aux mêmes droits, l'avantage pour l'un, à l'exclusion de l'autre, d'être admis en entrepôt réel, serait une injustice et en opposition avec le principe d'égalité qui doit présider au traitement des deux produits similaires.

» Dira-t-on que les produits indigènes ne doivent point être admis en entrepôt de douanes, même après la réunion des deux services ? les sucres coloniaux, les alcools, les sels y sont admis.

» Si l'on objecte que le droit payé par les sucres coloniaux est un droit de douane, nous répondons que le législateur a donné aux sucres indigènes un entrepôt qui ne diffère que par le nom. Qu'on fasse de même pour l'alcool ; nous ne tenons qu'à la chose.

» La même objection, si peu grave qu'elle soit, ne peut plus être faite pour les alcools coloniaux, pour eux il n'y a plus de droits de douanes. Admis à l'entrepôt des douanes, ces alcools y sont soumis au contrôle des agents des contributions indirectes, qui peuvent les y recenser pour les prendre en charge à la sortie. (Décision du conseil du 25 avril 1827.)

» Ne devant plus de droits de douanes, il n'y a plus de raison pour qu'ils soient encore admis en entrepôt de douane, ou la même raison existe pour les alcools de betteraves qui y peuvent également être recensés et pris en charge à la sortie.

» Si l'on disait que les alcools de canne doivent encore être admis à l'entrepôt à cause de la possibilité de la réexportation, avant d'avoir acquitté aucun droit, nous dirions qu'il en est de même des alcools de betterave qui peuvent également être exportés ; les premiers n'ont plus à faire valoir la suspension d'un droit de douane, mais seulement la suspension d'un droit indirect. Le même motif existe pour les seconds.

» Quant aux sels, français ou étrangers, ils sont admis en entrepôt de douane, d'où il suit qu'il est possible d'admettre à la fois dans ces entrepôts des produits nationaux et étrangers similaires.

» On ne peut donc arguer, pour repousser la demande de la Chambre de commerce, de la qualité nationale des alcools de betteraves. Peut-on dire, comme pour les sucres, qu'ils ont des entrepôts spéciaux ?

» A la vérité, la loi de 1816 permet bien aux villes de créer, pour les boissons, des entrepôts réels ; mais ces entrepôts n'ont aucun des caractères de l'entrepôt public des douanes.

» L'entrepôt réel des boissons est un établissement purement municipal, dont l'existence dépend uniquement de l'administration des villes ; il est régi par les employés de l'octroi et uniquement organisé dans l'intérêt de la perception de cet impôt. Il n'est point fait pour donner des garanties au Trésor ; encore moins pour accorder des facilités au commerce. Loin de là, où il existe un entrepôt d'octroi pour les boissons, les magasins particuliers sont supprimés, et d'ailleurs, il n'existe que peu ou point de ces établissements.

» L'entrepôt dit des boissons est donc un établissement exceptionnel, autorisé dans un but spécial, et qui n'a rien de commun avec l'entrepôt ordinaire. Aussi ne peut-il point enlever à l'Etat le droit d'admettre dans ces entrepôts, dans ceux placés sous sa main et sous sa clef, les produits qui peuvent aller dans un entrepôt d'octroi, à plus forte raison de les admettre là où l'entrepôt d'octroi n'existe pas.

» Admettre ce système, ce serait dire que l'Etat est sans droit et sans force pour donner à certains produits du sol et de l'industrie, soumis à des droits, la possibilité d'être remisés dans ses établissements et d'y jouir de la faveur de la suspension des droits et des warrants qui deviennent une annexe de tout entrepôt ; qu'il est sans droit et sans force pour concentrer en ses mains cette matière imposée et assurer la perception des droits.

» Il est évident que le législateur n'a pas voulu frapper l'administration de cette incapacité.

» Si de ces considérations générales nous passons aux considérations locales, on voit que l'application du principe qui permet l'admission, dans le même entrepôt, des marchandises indigènes et étrangères, a déjà été admis ici.

» La Chambre de commerce a obtenu l'entrepôt des sucres indigènes, puis l'entrepôt des marchandises de douanes. Par lettre du 13 avril 1852, M. le directeur général des douanes et des contributions indirectes a permis d'entreposer, dans le même local, sauf à les placer dans des compartiments distincts et séparés, les sucres indigènes et les marchandises étrangères. Rappelant cette autorisation par sa lettre du 9 septembre suivant, M. le directeur général ajoute : « Non-seulement elle (l'administration) admet cette disposition, mais elle la préfère parcequ'elle présente plus de garanties. »

» Il résulte de ces autorisations que l'entrepôt de Valenciennes

» 1° pourra recevoir des sucres étrangers, coloniaux et indigènes ;

» 2° pourra recevoir des alcools étrangers et coloniaux ;

» 3° pourra recevoir des vins étrangers.

» Pourquoi pas des alcools indigènes ?

» Si l'on n'admettait pas ces derniers, si l'on n'admettait pas les vins français, à supposer que la Chambre de commerce le demande, la conséquence serait :

» Que les alcools coloniaux et étrangers, seuls admis à l'entrepôt, pourraient seuls jouir de la faveur des warrants, à l'exclusion des produits du sol du pays ;

» Que les vins du Rhin y jouiraient des mêmes avantages à l'exclusion des vins de Bordeaux, les rhums à l'exclusion des eaux-de-vie de cognac etc.

» Ce serait évidemment favoriser, à Valenciennes, le commerce des produits étrangers contre les produits nationaux, non pas seulement de la localité, mais encore de toutes les parties de la France. Aussi, le remarquerez-vous, Monsieur le Sous-Préfet, nous ne plaidons plus ici seulement la cause de notre agriculture locale, mais celle de l'agriculture de la France entière.

» Nous avons la conviction que nous n'avons pas en vain recours à la sagesse du gouvernement de l'Empereur. Si dans ces derniers temps il a abaissé les barrières qui protégeaient les produits nationaux contre certains produits indigènes, il avait d'excellentes raisons pour le faire. Mais il n'en est pas moins vrai, quoiqu'il arrive, que jamais le gouvernement n'ira jusqu'à accorder aux produits de nos concurrents étrangers des facilités, des avantages qu'il refuserait aux nôtres. Insister sur ce point serait superflu. Posée sur ce terrain, la question ne peut avoir qu'une solution que nous attendons avec confiance.

Nous avons l'honneur d'être,

Monsieur le Sous-Préfet,
vos très-humbles et obéissants serviteurs.
Pour la Société :

Le secrétaire général,
A. Martin.

Le président,
Édouard Grar.

Il vous semblait difficile, Messieurs, qu'une demande si rationelle fût repoussée. C'est cependant ce qui a eu lieu. Par lettre du 29 décembre 1854, S. Exc. M. le ministre de l'agriculture et du commerce a fait connaître à la Chambre de commerce que les alcools de betterave ne seraient point admis en entrepôt réel dans ses magasins, mais seulement au même titre que dans des magasins particuliers.

Quels sont les motifs de ce refus ?

» Un examen antérieur, dit M. le Ministre, avait démontré qu'il y aurait des inconvéniens *à recevoir les sucres indigènes dans les entrepôts de douane*. Les mêmes obstacles s'opposent à l'admission des alcools de betterave. »

Cependant une lettre de M. le directeur général des douanes du 9 septembre 1852, adressée à la Chambre de commerce de Valenciennes, lui annonce, comme déjà nous l'avons dit, que son administration, « par lettre écrite le 13 avril dernier au directeur des douanes, à Valenciennes, avait consenti à ce que *les produits étrangers* et *les sucres indigènes* fussent entreposés, *dans le même local*, à condition qu'ils seraient placés dans des compartiments distincts et séparés ; non-seulement, ajoute la lettre, elle *admet* cette disposition, mais elle *la préfère*, *parcequ'elle présente plus de garantie.* »

Ainsi le gouvernement refuse d'admettre les alcools de betterave dans un entrepôt de douane, parcequ'il lui a été démontré qu'il y avait inconvénient à y recevoir des sucres indigènes, et il y admet ces mêmes sucres indigènes parceque cette disposition lui présente plus de garantie.

Sous une législation tant soit peu sérieuse, une semblable contradiction serait inexplicable, mais elle est le produit tout naturel du cahos législatif qui pèse sur l'institution des entrepôts. On ne peut demander à l'administration de tirer des conséquences régulières et uniformes de lois dont les principes sont disparates et contradictoires. Leur application doit dépendre des circonstances et des lieux ; et, quand il s'agit de transporter cette application à un autre lieu, à d'autres circonstances, on arrive à des mesures que rien ne justifierait, si ce n'était l'incohérence de la législation qui permet de décider le pour ou le contre, en s'appuyant tantôt sur une circonstance, tantôt sur une autre. C'est ce qui se produit en ce moment.

Et en effet, les deux décisions contradictoires dont nous nous occupons ont été prises, l'une pour l'entrepôt de Bordeaux, l'autre pour l'entrepôt de Valenciennes.

A Bordeaux, le commerce s'opposait à l'entrée des sucres de betterave dans l'entrepôt des douanes parcequ'il voyait, dans ces sucres, un concurrent à ceux que lui amène sa marine. A Valenciennes, la Chambre de commerce, plus libérale que celle de la Gironde, admettait parfaitement dans ses magasins la présence des sucres coloniaux et étrangers à côté des sucres indigènes.

Le gouvernement donna raison aux deux Chambres en déclarant, — pour Bordeaux, qu'il y avait inconvénient à cette réunion; — pour Valenciennes, qu'elle offrait des avantages. — Puis vint la question des alcools indigènes, qui doit entraîner la solution de la question des vins français. Et, au lieu d'appliquer à Valenciennes par analogie, la décision prise pour Valenciennes, on applique celle prise pour Bordeaux. Or, la conséquence de cette détermination, si elle était maintenue, serait évidemment de faire deux victimes pour une. Car, si Valenciennes doit avoir à souffrir de l'exclusion de ses alcools, Bordeaux aura peut-être plus encore à souffrir de l'exclusion de ses vins.

A coup sûr Bordeaux, en repoussant nos sucres, ne songeait pas à quelle conséquence l'exposait l'application du principe illibéral qu'il fesait poser. Il ne voyait pas que cette exclusion qu'il réclamait devait procurer, dans le Nord, aux alcools et aux vins étrangers, d'importants avantages sur les siens.

Il y a plus, et nous terminerons par ce fait significatif : Des mélasses étrangères de cannes sont distillées dans notre arrondissement. L'alcool en provenant, produit indigène en tant qu'alcool, ne peut être admis à l'entrepôt des douanes. Et cependant l'alcool des mêmes mélasses venant de l'étranger y pourra venir. Singulière protection accordée au travail national qui favorise le travail d'un produit hors de France contre le travail du même produit dans le pays !!!

Ce fait est la condamnation sans appel possible du système contre lequel vous allez sans aucun doute réclamer.

Résumé et conclusion.

En France, la législation des entrepôts fut créée pièce à pièce, alors que deux administrations étrangères l'une à l'autre étaient chargées de percevoir les droits dus à l'Etat sur les marchandises qui pouvaient être entreposées. De là des contradictions choquantes. De la difficulté de rendre ces établissements aussi faciles à régir par l'Etat, aussi profitables au commerce qu'ils pourraient et devraient l'être; difficulté accrue par une législation toute spéciale sur les warrants, sans aucun point de contact avec celle des entrepôts.

Des diverses lois de la matière et de leur application il résulte :

Que les sels français et étrangers peuvent se trouver ensemble dans les mêmes entrepôts ;

Que les sucres indigènes, coloniaux et étrangers peuvent se trouver également ensemble dans un entrepôt et ne le peuvent dans un autre;

Que les alcools et les vins français ne peuvent point entrer dans les entrepôts soumis soit à la surveillance des douanes, et destinés aux marchandises étrangères, soit à la surveillance des contributions indirectes pour les sucres indigènes; tandis que les vins et alcools étrangers jouissent de cette faveur ;

Que conséquemment on ne peut pas dire qu'il est de principe que les marchandises françaises et étrangères devant des droits à l'Etat ne peuvent être entreposées dans les mêmes entrepôts, et qu'il ne peut pas plus être dit qu'il est de principe que les unes et les autres peuvent être entreposées ensemble ;

Qu'enfin il ne serait pas exact d'affirmer que le système des warrants n'est point applicable aux entrepôts, mais que ce système n'y est pas nécessairement appliquable, et qu'il peut dépendre d'un conseil municipal de priver de cet avantage le commerce de tout un pays.

A Valenciennes, la Chambre de commerce, sur le refus du conseil municipal, a été autorisé à créer deux entrepôts, puis à les réunir dans les mêmes locaux :— un pour les sucres indigènes, — l'autre pour les marchandises de douane.

La Chambre a demandé, et il lui a été refusé, d'introduire dans ses magasins, aux conditions de l'entrepôt réel, les alcools indigènes, tandis qu'elle pourra y recevoir les alcools étrangers. — Ce refus est basé sur ce que les sucres indigènes ne peuvent être entreposés avec des marchandises de douanes, et cependant la chambre est autorisée à entreposer des marchandises de douane avec les sucres indigènes.

Il est évident qu'une semblable législation, interprétée de la façon que nous venons de dire, est préjudiciable aux intérêts du commerce et remplie de difficultés pour l'administration.

Aujourd'hui que les administrations des douanes et des contributions indirectes sont réunies sous la même direction, quel inconvénient y aurait-il à n'avoir qu'une seule espèce d'entrepôt réel, recevant toutes les marchandises françaises et étrangères soumises à des droits? Evidemment aucun. (1)

Le sucre indigène peut se trouver à côté du sucre étranger, puisque le sucre colonial, qui est aussi français, a cet avantage. Puisque les sels français et étrangers sont admis ensemble, l'alcool de betterave peut être recensé dans un entrepôt de douane comme les alcools coloniaux et étrangers, les vins de Bordeaux comme les vins d'Espagne ou du Rhin. A cela nul obstacle matériel. Nul obstacle au point de vue de la garantie des droits. Que les employés chargés de la surveillance appartiennent à un service ou à un autre, ils sont également employés des finances, également commissionnés par l'Etat; ils ont également sa confiance.

<table>
<tr><td>Le Secrétaire général,
A. MARTIN.</td><td>Le Président,
Edouard GRAR.</td></tr>
</table>

---

(1) Nous avons vu à l'entrepôt de Bruxelles, que nous avons récemment visité, déposés dans le même bâtiment, sans inconvénient aucun, des genièvres hollandais et des genièvres belges, bien que soumis à des lois différentes. Nous y avons vu des marchandises belges n'ayant aucun droit à payer, mais admises pour y profiter des avantages des warrants. Il est vrai qu'il n'y a pour régir l'entrepôt, douanes, accises, contributions de warrants, qu'une seule et même administration ; le commerce et le fisc ne s'en trouvent pas plus mal.

DÉLIBÉRATION.

La Société :

Vu le rapport ci-dessus et conformément à l'avis de la section des sciences et manufactures.

Considérant qu'il est dans l'intérêt des producteurs et des négociants de voir apporter à la législation des entrepôts et magasins généraux un esprit d'ensemble et d'unité qui lui manque complètement ;

Qu'il importe surtout que toutes les marchandises sujettes à des droits, sans distinction, soient admises dans tous les entrepôts placés sous la clé de l'administration et que cette administration soit une et non complexe ;

Qu'il importe enfin que le système des warrants se rattache nécessairement à celui des entrepôts dont il doit être un corollaire ;

Considérant qu'en ce qui touche l'entrepôt de Valenciennes, il n'y a aucune raison sérieuse d'en exclure les alcools indigènes ;

Que l'exemple de ce qui a été décidé pour Bordeaux à l'égard de la réunion des sucres indigènes aux marchandises de douanes n'est point applicable à Valenciennes où cette réunion est autorisée ;

Que le refus d'y admettre les alcools de betteraves en entrepôt réel devra conduire nécessairement au refus d'y admettre des vins français ;

Que cependant les vins et les alcools étrangers y jouiront de cette faveur et par suite de celle des warrants, ce qui donnera aux produits étrangers un avantage sur les nôtres, alors qu'ils ne sont plus que peu ou point protégés par les tarifs de douanes ;

Considérant enfin qu'il est impossible que le gouvernement de l'Empereur, après nouvel examen, ne revienne pas sur une détermination dont les conséquences seront évidemment fâcheuses pour l'agriculture du Midi comme pour celle du Nord,

Décide que la nécessité d'établir des principes uniformes pour tous les entrepôts réels, de soumettre les entrepôts à la surveillance d'une seule et même administration, et d'y recevoir aux mêmes conditions toutes les marchandises sujettes à des droits, françaises ou étrangères, sera signalée à S. Exc. M. le ministre de l'agriculture et du commerce.

Qu'en ce qui touche l'entrepôt de Valenciennes, S. Exc. sera supplié de vouloir bien, après nouvel examen, autoriser la Chambre de commerce à recevoir dans ses magasins, en entrepôt réel, les alcools indigènes avec les sucres de betterave, comme aussi toutes autres espèces de marchandises françaises devant des droits à l'Etat, lorsque la Chambre croira utile de lui en faire la demande.

Pour copie conforme :

Le secrétaire général,
A. Martin.

Pièces à l'appui.

A Tableau du nombre de sacs de sucre entrés annuellement dans les entrepôts du département du Nord depuis qu'ils existent.
B Tableau des quantités de sucre entrées mensuellement dans les entrepôts du département du Nord, campagne de 1851-52.
C Idem. — Campagne 1852-53.
D Idem. — Campagne 1853-54.
E Tableau des quantités de sucre soumises mensuellement au système des warrants dans les entrepôts du Nord. Campagne 1852-53.
G Idem. — Campagne 1853-54.
H Importation comparée des marchandises entreposables, venant de Belgique en totalité, et par Valenciennes seulement, en 1850.
J Importation des marchandises entreposables venues de Belgique dans l'arrondissement de Valenciennes en 1850 et 1854.
K Importation comparée des marchandises belges de toute nature venues de Belgique en France, en 1850, et des marchandises exportées par les voies de fer de Quiévrain et de Mouscron (Valenciennes et Lille.)
L Décision ministérielle créant, en principe, un entrepôt des sucres, à Valenciennes. — 10 avril 1851.
M Décret qui autorise à Valenciennes l'ouverture d'un entrepôt de douanes. — 5 avril 1852.
N Arrêté du ministre des finances qui assimile l'entrepôt des sucres de Valenciennes à un *magasin général*. — 12 septembre 1853.
O Décision qui permet la réunion, dans le même entrepôt, des marchandises de douanes et des sucres indigènes. — 13 avril 1852.
P Dépêche du ministre de l'agriculture et du commerce qui refuse l'entrepôt réel aux alcools de betteraves. — 29 décembre 1853.
Q Extrait des observations adressées par la Société de Valenciennes à la chambre des députés en 1844 et renouvelées en 1845.

TABLEAU du nombre de Sacs (100 kilog) de sucre entrés annuellement dans les Entrepôts du département du Nord depuis qu'ils existent.

A

Campagnes.	Entrepôt de Lille.	Durée de la Campagne.	Entrepôt de Valenciennes.	Durée de la Campagne.	Entrepôt de Douai.	Durée de la Campagne.
1847—48	22,655	Commencée en janvier 1848.	»	»	»	»
1848—49	28,977	D'août en août.	»	»	»	»
1849—50	22,615	»	»	»	»	»
1850—51	51,906	»	»	»	»	»
1851—52	51,272	»	44,778	Commencée fin novembre.	13,705	Commencée fin novembre.
1852—53	58,853	»	48,169	D'août en août.	42,047	D'août en août.
1853—54	91,747	»	87,663	»	57,279	»
Totaux	328,025		180,610		113,031	
Moyennes..	46,860		60,203		37,677	

B

TABLEAU des quantités de sucre entrées mensuellement dans les entrepôts du département du Nord,

CAMPAGNE DE 1851-1852.

	ENTREPOT DE		
	LILLE.	VALENCIENNES.	DOUAI.
	kilog.	kilog.	kilog.
1851 Septembre..	15,782	»	»
Octobre....	13,117	»	»
Novembre..	245,564	»	»
Décembre..	1,028,469	413,339	218,552
1852 Janvier....	1,311,520	665,470	192,178
Février.....	1,282,853	811,247	131,052
Mars.......	562,133	556,828	368,400
Avril.......	216,989	699,819	138,299
Mai........	123,500	624,806	143,700
Juin........	122,382	495,791	154,800
Juillet......	131,900	114,200	»
Août.......	72,991	96,340	23,900
Totaux de la campagne..	5,127,200	4,477,840	1,370,581

C

TABLEAU des quantités de sucre entrées mensuellement dans les entrepôts du département du Nord.

CAMPAGNE DE 1852-53.

	ENTREPOTS DE		
	LILLE.	VALENCIENNES.	DOUAI.
	kilog.	kilog.	kilog.
1852 Septembre..	20,600	253,114	» »
Octobre....	323,772	149,188	33,000
Novembre..	867,578	409,321	525,800
Décembre...	1,449,000	684,106	851,200
1853 Janvier.....	1,219,442	400,043	817,500
Février.....	494,774	570,991	346,000
Mars.......	769,277	992,052	213,300
Avril.......	316,836	532,764	396,700
Mai........	239,150	283,399	490,700
Juin........	78,202	251,480	319,300
Juillet......	67,397	206,167	159,400
Août.......	39,301	84,333	51,800
Totaux de la campagne..	5,885,329	4,816,953	4,204,700

D

TABLEAU des quantités de sucre entrées mensuellement dans les entrepôts du département du Nord.

CAMPAGNE DE 1853-54.

	ENTREPOTS DE		
	LILLE.	VALENCIENNES.	DOUAI.
	kilog	kilog.	kilog
1853 Septembre..	17,628	192,500	143,400
Octobre....	195,187	671,164	559,425
Novembre..	1,230,048	1,390,074	1,367,000
Décembre..	2,165,920	1,149,716	1,551,100
1854 Janvier....	2,063,541	1,395,103	806,195
Février....	1,167,311	807,783	252,760
Mars......	443,827	495,441	428,500
Avril......	256,666	292,326	160,200
Mai.......	434,517	476,456	92,100
Juin......	336,518	720,443	74,100
Juillet.....	277,037	584,528	94,400
Août......	586,518	590,800	198,800
Totaux de la campagne	9,174,718	8,766,334	5,727,980

E

TABLEAU des quantités de sucre soumises mensuellement au système du warrants dans les entrepôts du Nord.

CAMPAGNE DE 1852-53.

	ENTREPOTS DE		
	LILLE.	VALENCIENNES.	DOUAI.
	kilog.	kilog.	kilog.
1852 Septembre..	»	»	»
Octobre....	»	»	»
Novembre..	»	»	160,000
Décembre...	295,650	»	198,000
1853 Janvier.....	410,302	»	716,000
Février.....	86,052	»	146,000
Mars......	48,500	»	10,400
Avril......	»	»	»
Mai.......	»	»	»
Juin.......	»	»	182,200
Juillet......	»	»	»
Août......	»	»	»
Totaux des sucres warrantés	840,504	»	1,412,600
Sucres non warrantés...	5,044,825	4,816,963	2,792,100
Ensemble....	5,885,329	4,816,963	4,204,700

G

TABLEAU *des quantités de sucre soumises mensuellement au système des warrants dans les entrepôts du Nord.*

Campagne de 1853-54.

	ENTREPOTS DE		
	LILLE.	VALENCIENNES.	DOUAI.
	kilog.	kilog.	kilog.
1853 Septembre..	»	»	66,500
Octobre.....	»	»	»
Novembre...	»	»	508,200
Décembre...	»	»	»
1854 Janvier.....	»	300,800	205,900
Février.....	206,000	279,300	318,400
Mars.......	»	180,600	»
Avril.......	60,000	»	28,600
Mai........	»	71,500	596,500
Juin........	»	»	84,500
Juillet......	»	»	90,000
Août.......	»	»	»
Totaux des sucres warrantés.	266,000	832,200	1,898,600
Sucres non warrantés.......	8,908,718	7,934,134	3,829,380
Ensemble......	9,174,718	8,766,334	5,727,980

H

IMPORTATIONS comparées des Marchandises entreposables venant de Belgique en totalité et par Valenciennes seulement, en 1850.

		Total, tant par terre que par mer, en moyenne annuelle.	Par la voie de fer de Quiévrain en 1850.
		kilog.	kilog.
Métaux	Fonte	45,700,000	13,670,000
	Acier	7,000	5,000
	Cuivre	6,000	11,000
	Zinc	4,231,000	294,000
Bois de construction et scié		30,000,000	35,000
Lins et chanvres	Lins et chanvre	3,325,000	28,000
	Fils	1,713,000	3,000
	Tissus	2,400,000	75,000
Produits agricoles	Chicorées	370,000	125,000
	Cafés	77,000	prohibé.
	Houblons	440,000	3,000
	Graines de colza, etc.	99,000	2,000
Laines	Laines	3,000,000	1,027,000
	Tissus	34,000	prohibé.
Cuirs		117,000	23,000
Graisses, fromages, beurre		973,000	12,000
		93,552,000	15,313,000

— 81 —

I

IMPORTATIONS des Marchandises entreposables venues de Belgique dans l'arrondissement de Valenciennes par le chemin de fer en 1850 et 1854.

		1850.	1854.
		kilog.	kilog.
Métaux	Fonte	13,670.000	26,740,300
	Acier	5,000	56,150
	Cuivre	11,000	1,525
	Zinc	249,000	2,215,018
Bois de construction et sciés		35,000	120,000
Lins et chanvre	Lins et chanvre	28,000	80,000
	Fils	3,000	2,000
	Tissus	75,000	40,000
Produits agricoles	Chicorées	125,000	480,898
	Cafés	»	32,000
	Houblons	3,000	2,516
	Graines de colza, etc.	2,000	»
Laines	Laines	1,027,000	765,315
	Tissus	»	»
Cuirs		23,000	31,600
Graisses, fromages, beurre		12,000	1,005
		15,343,000	30,568,327

K

IMPORTATIONS *comparées des marchandises belges de toute nature venues de Belgique en France, en 1850, et des marchandises françaises exportées par les voies de fer de Quiévrain et de Mouscron.*

(VALENCIENNES ET LILLE.)

	PAR QUIÉVRAIN.	PAR MOUSCRON.
	kilog.	kilog.
Marchandises belges y compris la houille, mais non compris les marchandises allemandes transitant par la Belgique, entrées.....	113,450,000	12,578,000
Marchandises françaises sorties.	4,876,000	3,075,000
Ensemble des relations internationales entre la France et la Belgique par les deux voies.....	118,329,000	15,653,000
Le transit des marchandises étrangères de Belgique en France et de France en Belgique peut être évalué à environ 6 millions de kilog., par les deux voies.		
Ces transports sont uniquement ceux des voies de fer, il n'est question ici ni de la voie de terre, ni de l'Escaut.		

L

DÉCISION *ministérielle créant, en principe, un entrepôt des sucres à Valenciennes.*

EXTRAIT *de la lettre de M. le directeur du département, en date du 2 mai 1851, n° 330.*

.... L'administration m'écrit, le 28 courant, sous le n° 2528 la dépêche suivante :

....

« Après examen de ces propositions, lesquelles contiennent engagement de pourvoir à tous les frais qu'occasionnera cet établissement, le Conseil d'administration, dans sa séance du 11 mars dernier, a décidé qu'il y a lieu :

» 1° D'admettre, en principe, la création, à Valenciennes, d'un entrepôt pour les sucres indigènes ;

» 2° D'autoriser la construction, et plus tard l'ouverture de cet établissement..

» 3° D'appliquer audit entrepôt le tarif des frais de magasinage et autres, proposé par la Chambre soumissionnaire et accepté par le Ministre du commerce ;

» 4° De rendre exécutoire, pour l'entrepôt de Valenciennes, le règlement de service intérieur en vigueur à l'entrepôt de Lille.

....

» Cette décision a été approuvée par M. le Ministre des finances, le 10 du présent mois. »

M

DÉCRET qui autorise à Valenciennes l'ouverture d'un entrepôt de douanes, 5 avril 1852.

Art. 1er. Un entrepôt réel des douanes, pour les marchandises prohibées ou non prohibées, est accordé à la ville de Valenciennes (Nord), dans les conditions déterminées par les lois et règlements.

N

ARRÊTÉ du Ministre des finances qui assimile l'entrepôt des sucres de Valenciennes à un MAGASIN GÉNÉRAL.

13 septembre 1853.

Art. 1er. L'entrepôt réel des sucres indigènes, à Valenciennes, est agréé comme magasin général de dépôt pour les sucres indigènes placés sous le régime de l'entrepôt réel.

Art. 2. Ce magasin sera géré sous la responsabilité de la ville de Valenciennes, conformément à la délibération précitée (23 novembre 1852) du Conseil municipal.

O

DÉCISION qui permet la réunion, dans le même entrepôt, des marchandises de douanes et des sucres indigènes.

EXTRAIT d'une lettre du Directeur général des douanes et des contributions indirectes.

9 septembre 1852.

....

Quant à la réunion des deux anciens services des douanes et des contributions indirectes, c'est maintenant un fait accompli. Déjà avant qu'elle ne fût réalisée définitivement, l'administration, par une lettre écrite le 13 avril dernier au directeur des douanes à Valenciennes, avait consenti à ce que les produits étrangers et les sucres indigènes fussent entreposés dans le même local, à condition qu'ils seraient placés dans des compartiments distincts et séparés. Non-seulement elle admet cette disposition, mais elle la préfère parce qu'elle présente plus de garanties.

P

DÉPÊCHE du Ministre de l'agriculture et du commerce du 29 décembre 1854, qui refuse l'entrepôt réel aux alcools de betterave.

Messieurs, par lettre du 9 septembre dernier, vous avez demandé que les alcools de betterave fussent admis dans les entrepôts de douanes et dans ceux de sucre indigène.

En ce qui concerne l'entrée de ces alcools dans les entrepôts de douanes, votre demande ne m'a point paru susceptible d'être accueillie. Un examen antérieur avait démontré qu'il y aurait des inconvénients à recevoir les sucres indigènes dans les entrepôts de douanes. Les mêmes obstacles s'opposent à l'admission des alcools de betterave.

Mais d'autre part j'ai pensé qu'il serait possible d'admettre les alcools dont il s'agit dans l'entrepôt des sucres, et j'ai écrit dans ce sens à M. le Ministre des finances.

M. Baroche m'annonce que, provisoirement et par exception aux règlements en vigueur, les alcools de betterave pourront être placés dans l'entrepôt des sucres de Valenciennes, mais seulement dans les locaux vacants et superflus, attendu que la préférence devra toujours être réservée aux sucres. Toutefois ces alcools seront considérés par le service des contributions indirectes, non pas comme étant sous le régime de l'entrepôt réel, mais bien comme déposés dans des magasins à domicile; en d'autres termes, on leur appliquera le régime de l'entrepôt fictif, tel qu'il est défini par la législation de l'impôt des boissons.

Des ordres dans ce sens vont être transmis au service des douanes et des contributions indirectes.

Cette décision répond en partie aux vœux que vous m'avez exprimés.

Q

EXTRAIT *des observations adressées par la Société de Valenciennes à la Chambre des députés en 1844 et renouvelées en 1845.*

« Lors de la discussion de la dernière loi des sucres, disions-nous encore, M. le Ministre des finances avait promis la facilité des entrepôts; cependant, il ne fut créé aucun entrepôt réel (1), et les entrepôts fictifs furent refusés, bien qu'ils ne fussent que la continuation de l'application des lois sur les boissons, application qu'on a fait au sucre en tout ce qui gêne les fabricants, tout en leur en refusant les facilités. Nous avons parlé des entrepôts fictifs, disons un mot des entrepôts réels.

« Le projet de loi en crée deux : l'un à Paris, l'autre à Lille. Nous sommes loin de le trouver mauvais ; mais nous demandons pourquoi, toutes les fois qu'il s'agit de protéger l'agriculture, on procède toujours dans un sens contraire à ses intérêts ? pourquoi on sacrifie toujours les intérêts agricoles aux intérêts commerciaux, disons mieux, au monopole commercial ?

« On établira un seul entrepôt pour le département du Nord, et on l'établira à Lille. Il servira, sans doute, à quelques fabricants ; mais ce sera l'exception ; l'entrepôt servira avant tout, et presqu'exclusivement, au commerce de Lille. Il semble qu'on ne veuille protéger le commerce que là où il est fortement constitué, que là où il a le moins besoin de protection, et qu'on veuille l'étouffer partout où il a besoin de se développer, partout où il n'est pas encore assez fort pour faire entendre de vigoureuses réclamations.

« Lille est un grand centre commercial, cela est vrai ; Lille est un grand marché de sucres, cela est encore vrai. Mais parce que Valenciennes n'a ni Bourse pour faciliter les ventes, ni courtiers pour en constater les cours, est-ce à dire pour cela que Valenciennes n'est

---

(1) Celui de Paris n'existait pas encore.

point aussi un centre d'affaires pour les sucres, et, s'il en est ainsi, pourquoi ne pas lui donner les mêmes facilités qu'à Lille ?

« Disons d'abord que l'arrondissement de Valenciennes produit plus de sucre que l'arrondissement de Lille ; le tableau suivant le prouve.

	LILLE.	VALENCIENNES.
En 1838-39	5,979,826 k.	6,908,605 k.
1839-40	2,972,531	4,165,433
1840-41	5,475,233	5,603,413
1841-42	5,510,524	5,973,587
1842-43	5,868,489	6,004,950
1843-44	5,383,737	5,641,146

» De plus, relativement au département, Valenciennes est un centre de production plus important que Lille ; ce qu'il est encore facile de prouver. Et, en effet, les arrondissements de Cambrai et de Douai sont placés entre ceux de Valenciennes et de Lille et peuvent amener leurs sucres aussi facilement dans une ville que dans l'autre. Si l'arrondissement de Dunkerque est plus près de Lille, les sucres de l'arrondissement d'Avesnes doivent passer par celui de Valenciennes pour se rendre à Lille. La production du département du Nord peut donc se grouper ainsi autour des deux villes :

LILLE.	VALENCIENNES.
Arrond. de Lille...... 5,383,737 k.	Arr. de Valenciennes. 5,641,146
Moit. de l'ar. de Cambrai 480,084	Moit. de l'ar. de Cambrai 480,084
id. Douai. 926,059	id. Douai. 926,059
Arrond. de Dunkerque. 490,293	Arrond. d'Avesnes... 439,952
6,980,173	7,487,241

« On voit, par ces résultats, que des deux villes, centres de la production du département du Nord, Valenciennes est le centre le plus important. Et qu'on ne croie pas que Valenciennes profitera de l'entrepôt de Lille ? les affaires, en général, entre Lille et Valenciennes sont presque nulles. Les sucres de Valenciennes s'expédient sur Paris et non sur Lille, et, depuis quelques années, se vendent sur place.

« Un entrepôt serait donc utilement placé à Valenciennes ; il pourrait servir non-seulement aux sucres, mais aux autres produits soumis au contrôle de la régie des contributions indirectes. — Par comparaison avec Lille, Valenciennes ne manque pas d'importance pour ces sortes de produits :

ARRONDISS. DE LILLE.	AR. DE VALENCIENNES (1845).
Sucre....... 5,383,737 k.	5,641,146 k.
Bière....... 397,750 h.	270,753 h.
Alcools...... 8,932 h.	9,003 h.

Ces considérations, qui nous paraissent concluantes, n'ont point été prises en considération par la commission. Les entrepôts doivent être, suivant elle, créés dans l'intérêt de commerce : « La création d'un entrepôt, a dit son honorable rapporteur, c'est *la création d'un marché général, c'est la création d'un centre pour ce genre de commerce.* » Il ne faut point, ajoute-t-il, les rapprocher les uns des autres ; aussi la commission, comme le gouvernement, n'en admettait que deux, l'un à Paris, l'autre à Lille. « La ville de Valenciennes, convenait-on, est la seule qui pût prétendre à entrer en concurrence, à cause de l'importance de la fabrication des sucres indigènes dans cet arrondissement ; mais il est *évident* qu'elle ne peut être préférée à Lille, et qu'*il ne pourrait y avoir convenance, en ce moment, à établir deux entrepôts* dans le même département. »

Vous reconnaîtrez, Messieurs, qu'il y a, dans ces motifs de rejet, deux graves erreurs.

Ce n'est point, en effet, uniquement dans l'intérêt du commerce qu'un entrepôt doit être créé. Il doit l'être surtout, comme le dit fort bien l'exposé des motifs du nouveau projet, « dans l'intérêt général et commun du producteur et du consommateur. » L'intérêt « d'une classe de spéculateurs qui s'interposent entre la production et la consommation » est relégué, par M. le Ministre, au second plan.

Un entrepôt ne *crée* point un *marché général*, il y aide quand il est placé là où se trouvent les éléments de ce marché. Il ne *crée* point *un centre* pour un genre de commerce quelconque, mais il facilite les transactions commerciales là où elles étaient difficiles.

En disant qu'il est *évident* qu'il n'y a pas *convenance à établir deux entrepôts* dans le même département, la commission s'est apparemment fondée sur la nécessité de concentrer les affaires commerciales. — Nous ne pouvons partager ses convictions. Et, en effet, les grands centres commerciaux facilitent le jeu ; la dispersion de ces centres le rend plus difficile. Concentrer les sucres dans deux entrepôts, c'est mettre les fabricants à la merci des joueurs ; les multiplier, c'est faciliter les affaires sérieuses et loyales. Il y a là plus qu'une question d'intérêt pécuniaire, il y a là une question de moralité commerciale.

Des considérations de cette nature paraissent avoir frappé le gouvernement, et cependant il est arrivé à une conclusion contraire. Il ne veut point grever le budget de l'Etat pour satisfaire à des *intérêts purement locaux*, il ne veut point établir d'impôts là où les deux sucres ne se trouveraient plus *sur un pied d'égalité*, puisqu'il n'y existe pas d'entrepôt de douane.

Il ne s'agit point ici d'intérêts *purement locaux*, mais de l'intérêt des producteurs qui ont besoin d'échapper à la spéculation commerciale, qui attend leurs sucres à Paris. Il ne s'agit point de faire un avantage aux sucres indigènes, mais, au contraire, de les mettre *sur un pied d'égalité* avec les sucres coloniaux, qui ont des entrepôts aux lieux d'arrivée. Il résulterait du principe posé, qu'un entrepôt pour le sucre indigène ne peut être établi que là où il y en a pour le sucre colonial, il faudrait admettre la proposition réciproque, et supprimer les entrepôts de sucre de canne, là où il n'y a pas d'entrepôts de sucre indigène ; il n'y aurait dès lors qu'un entrepôt à Paris. Tirer cette conséquence logique du principe posé, c'est prouver qu'il n'est pas soutenable.

Reste la question d'argent. — Si le budget de l'Etat est grevé de la dépense des entrepôts ouverts au sucre colonial, à l'arrivée, il n'y aura d'égalité sérieuse entre les deux sucres, qu'autant que le budget de l'Etat sera grevé de la dépense d'entrepôts ouverts au sucre indigène au lieu de production. Or, l'arrondissement de Valenciennes est le plus producteur ; donc les fabricants ont un droit incontestable à voir ouvrir à Valenciennes un entrepôt pour leur sucre, comme les colons à Marseille ou au Hâvre, les uns et les autres contribuant également aux recettes du budget de l'Etat.

Nota. On sait que le premier projet créait deux entrepôts, l'un à Paris, l'autre à Lille, et le second un seul à Paris ; la Société combattait les deux projets.

www.ingramcontent.com/pod-product-compliance
Lightning Source LLC
Chambersburg PA
CBHW060519050426
42451CB00009B/1063